Ida Bohatta

Mein kunterbuntes Vorlesebuch

arsEdition

Die Deutsche Bibliothek – CIP-Einheitsaufnahme

Bohatta-Morpurgo, Ida:
Mein kunterbuntes Vorlesebuch / Ida Bohatta. - München : Ars-Ed., 2002
ISBN 3-7607-1332-7

1. Auflage

Redaktion: Daniela Filthaut
Gestaltung: Eva Schindler, Ebersberg
Printed in Spain
ISBN 3-7607-1332-7

www.arsedition.de

Inhalt

Die lieben Sonnenstrahlen

»Wir blühen in der Sommerszeit«,
so riefen alle Blümelein.
»Wir wollen Lust und Fröhlichkeit
und lauter hellen Sonnenschein!«

»Wenn andre Freude brauchen
in ihren bittern Mühen«,
Schneeröslein sprach, »ist meine Zeit;
ich will im Winter blühen.«

Jedes Mal zur Frühlingszeit
kommt der erste Sonnenstrahl,
findet Glöckchen noch im Schlaf
ganz verträumt – wie jedes Mal.

Jedes Mal ist ihm so bang,
dass er es nun stören muss,
und drum weckt er es so sacht
jedes Mal mit einem Kuss.

Es wollten mit den Sonnenstrahlen,
die auf die Erde fielen,
die kleinen Blümlein ach so gern
einmal Verstecken spielen.

Die Blümlein waren bald entdeckt,
die sich verborgen hatten;
bis auf das Veilchen wohl versteckt,
das steht noch heut im Schatten.

Die Sonnenstrahlen bringen heut
der Knospe so bescheiden
anstatt des Mützchens einen Hut,
der wird sie prächtig kleiden.

Die Sonnenstrahlen tummeln sich
mit vielen zarten Mühen,
denn heute ist ein großer Tag,
heut wird das Blümlein blühen.

»Hier ist ein gar zu schlechter Platz –
komm doch in unsern Garten!«
»Mir machen Staub und Hitze nichts,
ich muss am Wege warten.

Kann sein, ein müder Wanderer,
der hier vorübergeht,
erfreut sich, dass auf seinem Weg
doch auch ein Blümlein steht.«

Die Sonnenstrahlen wecken es
zu Blümchenfreuden, Blümchensorgen.
Gehorsam tuts die Augen auf
und freut sich an dem neuen Morgen.

Die Sonnenstrahlen fliegen fort,
nun schläft es ein.
Das ist des Blümleins Lebenslauf –
gehorsam sein.

»Ach«, seufzt der zarte Windling,
»fast wird mir selber bange,
denn ich erreich die Sonne nicht
und müh mich schon so lange.«

Und zieht ein winzig Stückchen
sich doch dabei hinauf
und klettert heute noch und gibt
die Hoffnung niemals auf.

Die Sonnenstrahlen kamen
zur Ähre schlicht und hold
und schmückten sie zum Lohne
mit einer Kron aus Gold.

Da neigte voller Demut
das Köpfchen sie gar sacht
und neigt es auch noch heute,
als wärs zu viel der Pracht.

Heinzel Triller Musiklehrer

Man lernt bei Heinzel Triller
nicht geigen nur und singen,
o nein, das rechte Fröhlichsein
lernt man vor allen Dingen.
Und wer den Kopf recht hängen lässt
und meint, er müsste traurig sein,
den lädt Herr Triller sicherlich
sogleich zur ersten Stunde ein.

»O Meister, leiht mir Euer Ohr,
nehmt, bitte, mich als Schüler an.
›Sumsum‹ ist alles, was ich kann.
Wenn Ihr gestattet, spiel ichs vor.«
»Ich kann kein Lied Euch lehren,
weil ich kein schönres weiß.«
Und darum summt die Biene
noch heut mit Bienenfleiß.

Ein Röschen sein ist gar so schön –
so froh und still zu warten
bei Regen und bei Sonnenschein
in einem kleinen Garten,
zu blühn und Augenweide
zu sein auf dieser Erden.
Ein Röschen würde gern ich sein –
ach, könnt ich doch eins werden!

»Ich kann beim besten Willen«,
ruft Heinzel ganz entsetzt,
»Sie nicht als Schüler nehmen,
die Stunden sind besetzt!«
»Ich bring ja nur die Wetterpost,
drum, Meister, seid nicht bang,
denn singen lernen muss ich nicht,
das kann ich ja schon lang.«

Wenn es im Walde regnet,
dann lädt Herr Heinzel klein
die Schüler in sein Stübchen
als liebe Gäste ein.
Sie trinken alle heißen Tee
und ruhn gemütlich aus;
denn überall, wo's friedlich ist,
dort fühlt man sich zu Haus.

Die Grille ist so schüchtern,
drum kann sie nicht am Morgen
in Heinzels Schule kommen –
da hält sie sich verborgen.
Sie nimmt den Unterricht privat
am Abend sechs Uhr dreißig.
Hört doch bei Dämmrung einmal hin,
dann übt die Grille fleißig.

»Das Erste, was ihr lernen müsst,
das ist das Taktgefühl.
Das Zweite dann, das merkt euch gut,
ist das Zusammenspiel.«
»Wir fangen gern gemeinsam an
und sind gemeinsam still,
nur allerdings dann zwischendurch
spielt jeder, wie er will.«

Sie spielen Weisen wunderschön
vom Welken und von Winternacht,
von Schnee und Eis und stiller Ruh,
ein Lied, das so wehmütig macht.
Und auch vom Frühling, der dann kommt,
vom Blütenzauber klingt es sacht –
es ist Musik, so wunderschön,
die alle froh und glücklich macht.

Miau!

Heimatlos

Sechs Geschwister noch zu Hause,
wenig Milch und keine Maus,
darum wandert eins der Kätzchen
in die weite Welt hinaus.
Kätzchen fragt bei dir bescheiden
um ein warmes Plätzchen an,
ob du was zum Fressen hast,
ob es bei dir wohnen kann.

Die Vorsichtige

Mir ist so bange um die Milch,
es kann so viel geschehen.
Wir könnten plötzlich auf dem Weg
ein kleines Mäuschen sehen.
Kann sein, ein Vöglein fliegt vorbei,
wir stolpern vor dem Haus.
Ich glaub, dass es am besten ist,
wir trinken sie gleich aus.

Auf der Lauer

»Sei ganz still, verhalt dich ruhig,
hab Geduld und nimm dir Zeit«
ist die erste Mausfangregel.
Zweitens: »Sei zum Sprung bereit.«
Drittens: »Pack dann schnell das Mäuschen.«
All das haben wir beachtet.
Doch was essen wir zu Abend,
wenn es auswärts übernachtet?

Das schwarze Kätzchen

Wenn ich mich auch noch so putze,
es gelingt mir leider nicht,
dass ich richtig sauber werde.
Schwarz sind Pfoten und Gesicht.
Doch ich hör nicht auf zu waschen,
ich will endlich sauber sein,
möcht ein neues Fellchen haben,
weiß und frisch und zart und rein.

Wünsche

Wär ich folgsam doch gewesen,
wär ich gar nicht ausgegangen,
wär ich nicht heraufgeklettert,
um einen Vogel mir zu fangen.
Hätte ich doch noch mehr Krallen,
wär der Baum nicht gar so rund
oder stünde doch zumindest
unten nicht der große Hund!

Krankenbesuch

»Mein Kätzchen, ach, du tust mir Leid.
Da muss ich dich gleich fragen,
ob du noch große Schmerzen hast
im Kopf und auch im Magen?«
»Es geht mir gleich viel besser,
fühlst du mein Leiden mit.
Und ich glaub, ich habe
wieder Appetit.«

Die Frage

Schwarz das Kätzchen, schwarz die Pläne,
straff der Muskel, straff die Sehne,
ohne Zucken, mäuschenstille,
fest die Angel, fest der Wille,
höchste Spannung im Gesicht:
»Beißt er oder beißt er nicht?«

Lied an den Mond

Es ist die Katzensprache
gefühlvoll, doch nicht reich.
Ihr End und Anfang heißt: »Miau«,
doch sind die Worte gleich.
Der Ton allein macht die Musik,
drum kommt es nur drauf an,
dass einer musikalisch ist
und wirklich singen kann.

Die gestörte Nacht

Eine Maus, eine Maus!
Mit dem Schlaf ist es aus,
unters Bett, hintern Schrank,
die Gänge entlang.
Immer wilder und schneller –
aufs Dach, in den Keller –
rennt das Mäuschen davon,
mit letzter Kraft

Alle Vöglein sind schon da!

Die Dorfschwalben

»Hier sind wir im letzten Herbst gesessen,
ganz müd von den Sorgen, die wir hatten
mit den vier kleinen Nimmersatten.
›Mit Kindern ist es für immer aus‹,
hast du gesagt. Aber nun ist Frühjahr
und wir bauen ein Haus,
und weißt du, Manni, es kann schon sein,
ich lege wieder vier Eier hinein!«

Die Straßensänger

Verehrte Gönner, mit Verlaub,
ich weiß es selbst genau,
es ist vom vielen Straßenstaub
mein Stimmchen etwas rau.
Des Spatzenlebens harte Not,
die Sorge um das täglich Brot,
Erkältung in der Winterzeit
im dürftig leichten Federkleid
sind wohl darin zu spüren.
Doch wer ein freundlich Herzlein hat,
den wird mein Stimmchen rühren.

Der Stieglitz

Wie mir mein grünes Höschen fehlt!
Das bisschen Blau und Rot und Gelb
und Braun mit Schwarz und Weiß darin,
man wär doch gern auch etwas grün,
sonst sind die Farben gar so matt.
Doch leider hat mein liebes Weib
mein grünes Höschen ausgeborgt,
sodass es jetzt der Zeisig hat.

Der Wiedehopf

Ich rege mich auf! Unerhört von dem Finken,
zu sagen, dass meine Kinder stinken!
Gewiss, sie werden wenig gebadet,
weil das ihrer Gesundheit schadet,
doch mit Reinemachen nimmts meine Frau
entsetzlich genau.
Sie ist übertrieben! Sie lüftet die Betten
immer pünktlich einmal im Jahr,
obwohl sie doch weiß, es besteht die Gefahr,
dass sich der zarte Wiedehopfduft
verliert an der Luft!

Das unfolgsame Käuzchen

Als das Käuzchen geschaffen war,
wollte es gleich nicht artig sein
und schlief in der ersten Nacht nicht ein.
Aber am nächsten Tag – der Schlaf!
Da schlief das Käuzchen ganz artig und brav.
Nun lebt es sein ganzes Leben verdreht,
das arme Käuzchen! Geh folgsam zu Bett,
wenn Mutti dich ruft, nur ja nicht zu spät,

Die Haubenlerche

»Grüß Gott, ich komm nur rasch vorbei,
zu sehen, wie's dir geht.
Und nebenbei, wie findest du,
dass mir das Häubchen steht?
Ganz neu. Es hat mein lieber Mann
viel Geld dafür gegeben.
Mein Tildchen, hat er gleich gesagt,
mit diesem Häubchen gehst du aus,
das trägst du sonntags und zu Haus,
das reicht jetzt für dein Leben!«

Die Saatkrähe

Die Menschen sind dumm. So lernen wir Krähen
schon in der Schule. Doch muss ich gestehen,
seit sie sich gar so plagten und rackerten
und die harte Erde ackerten,
nur damit ich die Engerlinge,
die Larven und Käferchen leichter fand,
möcht ich fast glauben,
sie hätten Verstand!

Das gekränkte Spätzchen

Dass ich mit Betteln mein Leben friste,
mitunter in Schwalbenhäusern niste,
dass mein Gesang nicht schön ist fürs Ohr,
das wirft man mir vor.
Doch dass ich nicht wie gewisse andere
im Herbst meine Sachen packe und wandere,
sondern verbleibe am Heimatort,
davon spricht man kein Wort.

Die braven und die schlimmen Beeren

Die Erdbeere

»Frau Erdbeer, es bedrückt mich so,
und ich muss mich schämen,
weil ich Euch gar nichts geben kann,
ich kann nur immer nehmen.«
»Frau Ameis, Ihr beschenkt mich auch,
das müsst Ihr wohl bedenken.
Euch macht das Essen Freude,
mich aber freut das Schenken.«

Das Spätzchen und die Stachelbeere

»Du siehst ja ganz entsetzlich aus«,
das kleine Spätzchen spricht.
»Du hast ja Borsten rundherum,
sogar in dem Gesicht!«
»Ich bin nicht schön, doch haben mich
die Kinder alle gern.
Es kommt nicht auf das Äußre an,
nur auf den guten Kern.«

Die Johannisbeere

In jedem Garten find't man uns,
voll Blüten ist der Strauch,
und wenn die Sommersonne lacht,
findest du Beeren auch.
Sie schmecken gut zu jeder Zeit,
sie schmecken gut auf Kuchen.
Es löscht den Durst der Beerensaft,
den musst du mal versuchen!

Die Blaubeere und die Einbeere

Sosehr ich auch bitten mag und flehn,
es bleibt die Einbeer bei mir stehn.
Drum merkt euch alle ganz genau:
Sie kleidet sich wie ich in Blau.
Zum Unterschied ein grüner Kragen,
vierblättrig um den Hals getragen.
Nur ja nicht essen, da sie giftig
und es daher gefährlich wäre!
Dies schreibt zur Warnung aller Kinder
die sehr besorgte Heidelbeere.

Die Himbeere und die Baumwanze

Die Himbeer sprach: »Ich dufte süß
und schmecke fabelhaft.
Man kocht mich ein, macht Marmelad
und einen guten Saft.«
Die Wanze sprach bescheiden:
»Dann will ich froh mich preisen,
dass ich so furchtbar übel riech,
so mag mich niemand speisen.«

Der schwarze Nachtschatten

Nachtschatten birgt so böses Gift
in seinen Beeren klein.
Da trug ihn Gott aus gutem Feld
in lauter Schutt und Stein.
Das Böse wächst allüberall,
braucht keine sorgend Hand.
Nachtschatten reist in fetter Erd
und blüht in Schutt und Sand.

Die Brombeere

Die Brombeere ist voller Dornen,
und kratzt sie, rinnt das Blut.
Doch ihre Früchte, die sind süß
und schmecken uns so gut.
Auch du kratzt manchmal und bist wild,
wie's alle Kinder sind.
Und tust du andern einmal weh,
machs wieder gut geschwind.

Die Tollkirsche

Die Erdbeer bringt den Kindern Freud,
die edle Rebe bringt den Wein,
die böse Tollkirsch wollt allein
nur voller Gift und Bosheit sein.
Im Wald, am Hang kann man sie sehn,
ist saftig, schwarz und prall.
Probiert sie nie, lasst sie nur stehn,
pflückt sie auf keinen Fall.

Die Preiselbeere

Ich bin ein kleines, liebes Kraut,
wachs gern auf Moor und Heide.
Ich blühe zart und rosarot
dem Menschenaug zur Freude.
Im heißen Sommer später
dann reifen meine Beeren.
Und sind sie dick und rot und süß,
darfst du sie gleich verzehren.

Die Traube

An der Rebe reift die Traube,
sie reift für Groß und Klein.
Den Kindern schmeckt die süße Frucht,
den Großen ein Glas Wein.

Die Vogelbeere

Es schuf der liebe Herrgott
für sich allein kein Ding.
Es macht dem Käfer Freud das Blatt,
die Blum dem Schmetterling.
Die Vogelbeere bringt die Freud
den armen Vögelein,
du aber sollst auf Erden
die Freude aller sein.

Die Mistel

Ich wachse, wenn die Sonne scheint
und wenn es friert und schneit,
ich grüne über Sommer
und in der Winterszeit,
gerade wie die Liebe,
die blühet allezeit
und wächst aus heller Freude
wie aus dem tiefsten Leid.

Brumm und Braun

»Wirklich wahr, zur Schule gehen
ist ein wunderbarer Brauch
und ich freu mich schon auf morgen.
Lieber Bruder, du doch auch?«
»Ja, die Pausen sind was Feines«,
Brummchen ganz begeistert spricht,
»nur wozu die Stunden sind,
Bruder, das versteh ich nicht.«

»Sag mal, ist der Wald verhext?
Denn das ist doch wirklich toll –
ich kann keine Pilze sehen
und du hast dein Körbchen voll.«
»Nein, der Wald ist nicht verzaubert«,
Braun den anderen belehrt,
»nein, der Fehler liegt woanders –
Bruder Brumm, du stehst verkehrt!«

Ach, lieber Braun, ich freu mich so,
dass ich ein guter Tänzer bin;
ich weiß es sicher und bestimmt –
es steht in meinem Zeugnis drin:
»Die Pfoten grob, im Schreiben schlecht,
im Rechnen fehlt es sehr –
zu langsam und gewöhnlich falsch,
im Tanzen – wie ein Bär.«

Brummchen ist entsetzlich krank;
schlechter wirds von Stund zu Stund.
»Sag, was hat dir nur geschadet?
Honig ist doch so gesund?«
»Es kommt auf die Sorte an«,
Brummchen unter Stöhnen spricht,
»wenn nicht NATURREIN darauf steht,
Bruder, dann vertrag ichs nicht!«

»Lieber Bruder, hörst du mich?
Da ich keinen Ausweg seh,
muss ich leider oben bleiben.
Glaubst du, tut Verhungern weh?«
»Ei, der Ast ist ja schon morsch,
lieber Bruder, sei nur munter.
In den nächsten fünf Minuten
fällst du ganz von selbst herunter.«

Lieber Bruder, ich muss sagen,
das ist etwas, was ich mag:
von allen süßen Sachen naschen!
Welch ein wunderschöner Tag!
Erst kommt Kompott und süßer Brei,
dann Pflaumenmus und Marmelade.
Und von dem guten Himbeersaft
lass nichts übrig, es wär schade.

Nein, ich kann es nicht begreifen,
wie denn das nur möglich ist,
dass wir so verschieden sind,
wo du doch mein Bruder bist.
Ach, mir wir auf einmal bang
und ich fürcht mich, Brüderlein,
und du zitterst nicht ein bisschen
und gehst tapfer hinterdrein.

»Ach, Bruder, mach ein Plätzchen mir
in deinem Bett bereit;
denn wenn vom dunklen Wald mir träumt,
dann bin ich gern zu zweit.«
»Geh lieber in dein Bett zurück«,
spricht Braun, »es könnte sein,
mir träumt von einem Honigtopf,
da wär ich gern allein.«

Elfchen

Maienkäferlein

»Ach ewig«, flüstert Elfchen,
»könnt ich mich träumend wiegen
und so an Ihrer Seite,
Herr Maienkäfer, fliegen.«
»Das fehlte mir gerade,
Sie dürfen nicht vergessen,
ich lebe nicht vom Mondenschein,
will endlich Blätter fressen!«

Die Ähren

Über Felder, welche blühen,
streichts wie sanftes Wehen –
Elfchen sind es, die ganz leicht
über Ähren gehen.
Sammeln allen Blütenstaub,
streun ihn übers Feld,
dass das Korn bald golden reift
zum Nutzen aller Welt.

Die Rosenknospe

Sieh das Röslein, wie's noch schläft,
will geweckt wohl werden.
Wie viele andre ruhen wohl
überall auf Erden?
Erwach, blüh auf, du zarter Kelch,
entfalte deinen Duft,
bis er schwebt so rein und klar
durch die Morgenluft.

Elfenhaus

Ich öffne ganz weit bei Sonnenschein
mein Häuschen den Bienen und Hummeln
und freu mich, wenn fröhliche Gäste
in meinem Häuschen sich tummeln.
Und mach es bei Regen ein wenig zu,
damit ich es sorgsam behüte.
Es ist ja von ganz besonderer Art,
mein Häuschen – es ist eine Blüte.

Abendläuten

»Klingklang, ich läute den Bienen heim,
klingklang, ich läute zur Ruh,
klingklang, und läute die Blumen in Schlaf,
klingklang, und was läutest denn du?«
»Ich hole die Schwärmer und Motten herbei,
ich rufe die Grillen zu ihrem Gesang,
ich wecke die Falter aus ihrem Traum
und läute zur Arbeit mit hellem Klingklang!«

Das Gänseblümchen

»Schlafe, mein Blümchen, schlafe ein!
Denn es haben bis zur Nacht
tausend kleine Blümchensorgen
dich ja so sehr müd gemacht.
Schlafe, mein Blümchen, schlaf ein,
sollst ja früh erwachen,
weil schon viele Blümchenfreuden
dir entgegenlachen!«

Der Herbst

Das Elfchen winkt ade
der Sommerszeit.
Den zarten Schleier trägt
der Wind so weit,
legt ihn um meine Hand
so weich und lind –
Altweibersommer ists,
der weht im Wind.

Elfchenleben

Aus der ersten Krokusblüte
hab ich zitternd mich erhoben
als die Freude, aus dem Lichte
und dem Blumenduft gewoben.
Nicht ewig ist die liebe Freude.
Doch muss ich mit dem Nebel schwinden,
wirst du in den Krokusblüten
mich wieder neugeboren finden.

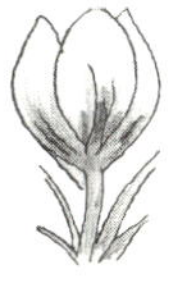

Das brave Bienchen

»Fräulein Biene, es ist Frühling,
Sonnenschein ist überall
und ich bin ein flotter Tänzer,
kommt mit mir zum Hummelball!«

»Leider bin ich zu beschäftigt,
alle Kinder auf der Welt
haben nämlich ihren Honig
dies Jahr grad bei mir bestellt.«

Ohne Murren, ohne Klage,
ohne Strampeln und Geschrei
essen alle Bienenkinder
ihren süßen Brei.
Auch die Reste auf dem Teller
sind nicht Bienchenbrauch.
Nun, es kann am Sattsein liegen,
doch am Honig auch.

Sogar das Bienchen findet Zeit
zu einer frohen Weise.
Es spielt auf seiner Geige
ein Lied mal laut, mal leise.
Andächtig hörn die Blumen zu
und lassen sich beglücken
von dieser heiteren Musik.
O fröhliches Entzücken!

Es ist in der Bienchenschule
üblich, dass man alles weiß,
denn die Bienchen haben alle
eine große Eins im Fleiß.
Und die vielen Drohnenjungen,
dumm und dick und faul und klein,
gehen in die Bienchenschule
vorsichtshalber nicht hinein.

Blümchen stritten sich gar sehr,
welcher Honig besser wär,
riefen nach dem Bienelein,
dass es sollte Richter sein.

Bienchen nahm es sehr genau
mit dem neuen Posten,
fliegt bis heute noch umher
Honigtröpfchen kosten.

»Sie sind doch musikalisch?«,
erkundigt sich die Biene.
»Ich möchte sie begleiten
auf meiner Violine.
Wir könnten gleich beginnen
und brauchen nicht zu proben.
Wir singen ja das gleiche Lied,
um diesen Tag zu loben.«

Seht, wie unser Bienchen
für andere fleißig schafft
und seinen Honig gern verschenkt.
Woher hat es die Kraft?
Wer große Arbeit leisten will,
der muss, wie jeder weiß,
von früh bis abends tüchtig sein.
Das nennt man Bienenfleiß.

»Wenns mir nur mit dem Winterschlaf
nicht wie im Vorjahr geht!
Das Maiglöckchen verschlief sich selbst
und läutete zu spät.«

»Seid ohne Sorge, Nachbarin,
Ihr braucht Euch nicht zu schrecken,
ich hab Schneeglöckchen angestellt,
das wird uns zeitig wecken.«

Doktor Allesgut

Verse von Margarete Seemann

»O lieber Doktor Allesgut,
ich bin schon ganz verzagt;
um Pipsi, Plampe, Puffi hab
ich Angst; denn jeder klagt.

Die Puppen sind auch alle krank,
die Zähnchen und die Magen,
sie können Schokolade nur
und gar nichts sonst vertragen,

und Brumm und Bromm sind nicht gesund.«
»Ei, haben Sie nur Mut!
Ich seh die Patienten an
und schnell wird alles gut.«

»Bitte leise, sonst wird Puffi
aus dem Schlafe aufgeschreckt;
habe ihn mit sieben Polstern
ein klein wenig zugedeckt,

weil sein Herzlein so laut hämmert
und ich fürchte, dass er friert.«
»Weg die Federn! Armer Puffi!
Schnellstens jetzt hervorspaziert!

Sieben Polster – es ist schrecklich!
Jagen Sie den kleinen Mann
zu den Spatzen an die Sonne,
dass er wieder springen kann!«

»Das ist Schudu, mein Mohrenkind;
wie trocken ist die Lippe!
Ach bitte, fühlen Sie den Puls,
ich glaube, sie hat Grippe.

Sie braucht wohl recht viel Marzipan,
Schlagobers, Zucker drauf?
Verschreiben Sie zwei Teller voll,
die isst sie sicher auf!«

»Die Kleine friert bloß! Nähen Sie
ein Strampelkleid nach Schnitt;
dann meinetwegen schlecke sie.
Wünsch' guten Appetit!«

»Der arme Pipsi hats im Hals,
sein Stimmchen ist ganz heiser;
ich gebe Wickel, heiß und kalt,
doch wird es immer leiser.

Er leidet wohl an Liederschwund?«
»Das wären böse Sachen!
Da will ich nach den Mandeln sehn;
ich bitt, ihn frei zu machen.«

»Nun singt er plötzlich! Hören Sie?«
»Die Krankheit ist gefunden!
Er leidet nicht an Liederschwund,
er war bloß zugebunden!«

»Hier sind die Bären Brumm und Bromm,
die über Schwindel klagen;
ein wenig Spielen muss ja doch
ein rechter Bär vertragen,

ein bisschen Turnen, Werfen und
auf einem Füßchen gehn,
auch etwas Fliegen, Schwimmen und
auf seinem Köpfchen stehn?«

»Ei, Tiere sind kein Gummiball!
Und denken Sie daran,
dass auch ein Bär an wehem Kopf
und Schwindel sterben kann!«

»Schon seit sieben Tagen leidet
Kasperle an Schüttelfrost,
schielt und klappert. Er braucht sicher
ganz besonders süße Kost.«

»Liebe Frau, 's ist gar nicht nötig,
solche Schmerzen sind zu tragen!
Über Schüttelfrost und Fieber
alle Kasperlmütter klagen,

denn das Klappern ist bloß Freude
und das Schielen kommt daher,
weil sie am Kalender suchen,
obs schon Zeit fürs Christkind wär!«

»Hier Plampe, unser Elefant,
der stillste unter allen.«
»Er scheint mir sehr gefährlich krank,
mag mir nicht recht gefallen.

Gequetschter Rüssel, schiefer Zahn,
das Schwänzlein arg verstaucht!
Den haben Sie gerupft, gezupft,
als Turngerät gebraucht?«

»Herr Doktor, woher wissen Sie's?
Wer hat mich denn verklagt?«
»Das hat mir gestern früh ein Spatz
ins linke Ohr gesagt.«

»Kätzchen faucht und mag nicht spielen:
zieh ich ihm ein Röcklein an,
will ichs an die Schaukel binden,
wehrt es sich, soviel es kann,

schlägt und kratzt mit seinen Tatzen;
’s wird ein böses Fieber sein!
Muss ihm oft die Pfötchen klopfen,
sperrs auch in die Kiste ein.«

»Ach, wozu den Rock und Strümpflein?
Fort das Zeug! Herausgeschält!
Kätzchen sind gesund und freundlich,
wenn man sie nicht quält!«

Abrechnung

»Lieber Doktor, wir bedanken
uns für die Visite;
möchte gleich bezahlen: wie viel
bin ich schuldig, bitte?«

»Jede Woche sieben Tage
froh zu sein, verlange ich.«
»Schönen Dank! Das ist sehr billig!
Pünktlich zahl ich sicherlich!«

Katz und Mausi

»Nimm dich wohl in Acht, mein Kind,
denn du bist in dieser Welt
überall von arger List,
Tücke und Gefahr umstellt.«
»Mami, sieh, ich glaub dir alles,
aber dieses glaub ich nicht;
kann nur an das Gute glauben,
an die Freude und das Licht.«

Wenn das Aug nur Freude sieht,
schlägt das Herz so froh hienieden
und man wandert in dem Trubel
dieser Welt in stillem Frieden.

Freude kann nicht restlos sein,
freut man sich für sich allein.
Darum muss vor allen Dingen
Freude man den andern bringen.
In des Spätzchens armes Leben
voller Sorgen, Angst und Not
bringt ein Tröpflein heller Freude
Mausis letztes Stücklein Brot.

Tief bekümmert ist seit Stunden
Foxi an das Haus gebunden,
bis nun endlich voll Verständnis
Mausi achtungsvoll bescheiden
Anteil nimmt an seinen Leiden:
»Wenn Ihr es gestatten wollt,
edler Foxi, will ichs wagen,
Eure Bande durchzunagen.«
Gute Absicht, fester Wille,
Freude an dem guten Werke
leihen seltne Kraft und Stärke.
Hartes Mühen – großer Eifer –
scharfe Zähnchen – Strick entzwei –
Mausi froh und Foxi frei!

»Mäuschenball ist heute Nacht!
Alle Mäuschen sind gebeten,
möglichst pünktlich zu erscheinen
und sich ja nicht zu verspäten.
Flotte Spiele, ›Katz und Maus‹,
Reigen, Tänze, Mäusesingen,
Unterhaltung aller Art –
Speck und Käs sind mitzubringen!«

Mauserich erlauscht mit Staunen
ein paar Worte von dem Raunen:
»Mäuschenball« und »heute Nacht«,
»ich kehr um« und »niemand weiß«,
dann ein Zischeln »umgebracht«,
»Sonntagsessen« – »feiner Braten«,
doch den Rest kann er erraten.
Schrecklich packt ihn das Entsetzen
und er muss sich vorerst setzen,
aber nachher eilt er alle
Mäuschen warnen vor der Falle.
Mausi nur erreicht er nicht,
denn sie ging bereits zum Balle.

Aus dem Schritt in großer Eile,
aus den Ohren froh gespitzt,
aus dem Schleifchen, das so fröhlich
auf dem lichten Kleide sitzt,
aus dem Näschen, aus dem Schwänzlein,
aus des Auges hellem Glanz
und dem frohen Schwung der Beine
spricht die Freude an dem Tanz.

»Ganz entzückt, Euch hier zu sehen!«
»Wirklich, bitte, inwiefern?«
»Alle Mäuschen, meine Liebe,
habe ich so schrecklich gern.«
»Seht, das ist auch meine Meinung,
dass man andre lieben kann,
immer gut und freundlich ist,
einzig darauf kommt es an.«
»Sicher«, stimmt Frau Katze zu,
»doch ich gehe nicht so weit,
dass ich sagen würde: immer –
alles nur zu seiner Zeit.«

»Leider seht Ihr schmächtig aus,
sagt, wie stehen, liebes Kind,
die Verhältnisse zu Haus?«
»Einfach still ist unser Leben«,
plaudert Mausi, »mit den reichen
Mäusen in dem Bräuhofkeller
können wir uns nicht vergleichen.«
»Ich verstehe«, nickt die Katze,
»also werde ich mir morgen
zu dem Braten Speck besorgen.«

»Denkt, ich hab es selbst gesehen,
durch das Fenster, ganz genau,
Mausi traulich im Gespräche
mit der fürchterlichen Frau!«
»Gut, dass Ihrs gesehen habt,
gut, dass Ihr gekommen seid,
gut, dass ich so tapfer bin,
jederzeit zum Kampf bereit,
aber ganz besonders gut,
dass ich frei und ohne Ketten,
denn wer würde Mausi retten?«

Lautes Knurren, Fauchen, Kratzen,
hoher Buckel, scharfe Tatzen,
Packen, Zwicken, Zerren, Reißen,
Rennen, Jagen, Hauen, Beißen,
Angstgekreische, Vorwärtsschnellen,
Flucht – Verfolgung – Siegesbellen!

»Mami, gelt, jetzt, jetzt siehst du selber,
dass mir niemand etwas tut –
alle waren lieb und freundlich,
selbst die Katze war so gut!«
»Freilich, freilich«, nickt die Mutti,
lacht und freut sich, um dazwischen,
ganz verstohlen und gerührt,
ein paar Tränchen abzuwischen.

Kommt zum Heinzelmann

Als ich mir das Bein gebrochen,
dachte ich mir still dabei,
was das für mich armen Heuschreck
für ein großes Unglück sei.
Doch nun hab ich eingesehen:
es ist gar ein Glück gewesen,
weil es gar so herrlich ist,
bei dem Heinzel zu genesen.

»Was kostet denn ein Fußbad hier?«
»Mein Herr, ich bin so frei
und rechne nach den Beinen –
und Ihr bezahlt für zwei.«
»Ich zahle nur die Hälfte,
Herr Heinzel, schönen Dank,
ich bade nur den linken Fuß,
der rechte ist nicht krank.«

»Herr Schmied, die neuen Flügel
macht mir vor allen Dingen;
ich muss noch heut verreisen
und schönes Wetter bringen.«
»Pinkpank, pinkpank, ich klopf Euch schnell
die neuen Flügel aus,
dann bringt Ihr mir zum Dank gewiss
den Sonnenschein ins Haus.«

Herr Hummel brummt zur Tür herein
mit Summen und mit Tosen:
»Was ist, was ist, wann komm ich dran?
Ich brauche neue Hosen!
Die gelben Streifen ziemlich schmal,
die schwarzen Streifen breit.«

Herr Heinzelmann bedauert sehr,
es tut ihm schrecklich Leid:
»Wer früher kommt, wird erst bemalt,
Herr Zimmerbock hat schon bezahlt.
Kommt, bitte, morgen wiederum,
genau um diese Zeit.«

Es naschte Honigbier so gern
unsre liebe, kleine Biene,
drum kam sie einen Takt zu spät
mit ihrer Violine.

Und fing man auch von vorne an,
die Biene naschte wieder.
Drum üben sie mit Summ und Brumm
noch heut die gleichen Lieder.

Es sorgten sich die Käfer,
ein Mitglied könnte fehlen,
drum wurde fest beschlossen,
die Beinchen abzuzählen.

Sie tranken so viel Kräuterbier
und zählten alle Beine
und plötzlich waren vier Käfer
zu viel in dem Vereine!

Morgens, mittags und am Abend,
fünf- bis sechsmal auch dazwischen
lässt sich Herr von Admiral
gern ein süßes Gläschen mischen.
Nur ein Gläschen – niemals mehr!
Dass er dann so schwankt beim Fliegen
und so taumelt, kann doch nicht
an dem einen Gläschen liegen?

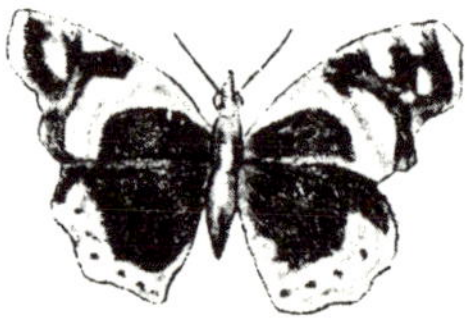

Du hast dich wohl verflogen, Biene?
Komm, häng dich ein in meinem Arm,
ich nehm dich mit ins Heinzelhaus,
da brennt ein Feuer, hell und warm.
Dort trocknest du am Ofen flugs
die regennassen Flügelein
und nimmst vom Lindenblütentee
drei Tassen voll zum Schwitzen ein.

Die frohen Blumenkinder

»Hallo, kleiner Wurzelmann,
wir wollen dich besuchen.«
»Da freu ich mich, kommt doch herein.
Sagt, mögt ihr ein Stück Kuchen?
Nehmt schon mal Platz, ich habe hier
ein wenig noch zu tun.
Erst wenn die Wurzeln sauber sind,
kann ich mich auch ausruhn.«

Die Blumen blühen heut so schön,
die Blättchen sind gesprossen.
Die kleinen Elfen haben wohl
sie heute Nacht begossen.
Ich hab sie selber nicht gesehn
und weiß es doch genau –
auf jeder Blume, jedem Blatt
liegt heut ein Tröpfchen Tau.

»Frau Kellnerin, ich hätte gern
ein Gläschen von dem Saft.
Ich taumle schon beim Fliegen
und brauche neue Kraft!«
»Ihr taumelt, ja, ich habs gesehn,
Ihr seid ja ganz benommen.
Ein kleines Gläschen bring ich noch,
mehr könnt Ihr nicht bekommen.«

Ich wäre gern hier angestellt
und frage mit Verlaub,
was zahlen Sie als Lohn dafür,
bringt man den Blütenstaub?«
»Ein Tröpfchen feinster Honigseim
wird pro Paket gegeben,
und fliegt Ihr eilig hin und her
dann könnt Ihr herrlich leben.«

»Ich spiel ein altes Lied für dich,
ich spiel es jeden Tag.
Ich spiele es für jedermann,
der es gern hören mag.«
Das Lied ertönt von früh bis spät,
bis es bei Nacht verstummt.
Dies Lied, jetzt fällts mir ein:
es klingt, als ob ein Bienchen summt.

Bienchen ist total erschöpft,
ist zu schnell geflogen.
War vom honigsüßen Duft
der Blumen angezogen.
Bienchen musste sich sogleich
auf den Boden legen
und ließ von den Blumenkindern
ganz gesund sich pflegen.

»Wohin soll die Reise gehn?
In ein fernes Land?
Ach, nimm mich doch ein Stückchen mit,
komm, reich mir deine Hand.«
»Steig ruhig ein – wie viele auch
im Schifflein sind, ist gleich –
die Fahrt ist frei für jedermann,
sie geht ins Märchenreich!«

Mein Kind, du kannst zur Winterszeit
kein Blümchen mehr entdecken,
weil sie im Wurzelstübchen
bei Heinzel sich verstecken.
Der nimmt die Blümchen gerne auf
und deckt sie alle sorgsam zu
mit weißen Decken, ganz aus Schnee,
in der Pension »Zur Winterruh«.

Schneckenpost

Der liebe Brief

»Ihr tragt, seit ich Euch kenne,
nur gute Briefchen aus!«
»Ach, dazu brauchts nichts weiter
als Feingefühl, Frau Maus.
Denn steht in einem Briefchen
ein böses, hartes Wort,
dann spür ichs in dem großen Zeh
und werf ihn einfach fort.«

Das Frühlingsfest

»Ach, nicht ein Plätzchen ist mehr frei«,
ruft ganz entsetzt die Hummelfrau,
»Herr Heinzel, sagt, was gibt es denn
Besondres heut in Blumenau?«
»Dort ist ein großes Frühlingsfest
und in den Blütenschalen
gibts allerfeinsten Honigwein,
für den ist nichts zu zahlen.«

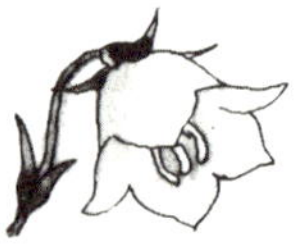

Der Beschwerdebrief

»Ach, Herr Heinzelmann, was soll
mit der Schneckenpost nur werden,
wenn das lang so weitergeht?
Täglich kommen mehr Beschwerden!«
»Besser steht es mit der Post,
liebe Hummel, als vor Jahren;
wer Beschwerdebriefchen schreibt,
ist ja auch mit ihr gefahren!«

Die Extrapost

Es fährt das Zwerglein Heinzelmann
mit seiner Extrapost geschwind,
wenn es errät, dass in dem Brief
viele gute Wünsche sind.
Drum bin ich überzeugt, mein Gruß
an alle Kinder auf der Welt
wird dir mit diesem kleinen Vers
bestimmt noch heute zugestellt.

Die Mittagspause

Wenn Heinzelmann ein wenig schläft,
dann macht er Dienst am Kunden;
um für die Arbeit frisch zu sein,
schläft er am Tag zwölf Stunden.
Zwölf Stunden aber in der Nacht
verbringt er still zu Haus
und ruht sich endlich ordentlich
vom Dienst am Kunden aus.

Die Botschaft

Schau, auf unsren Flügeln hier
steht es deutlich aufgeschrieben
in viel tausend bunten Farben:
»Alle Tiere sollst du lieben.«
Hör die Botschaft, die wir bringen,
und verschone, liebes Kind,
unser armes bisschen Leben,
weil wir deine Freunde sind.

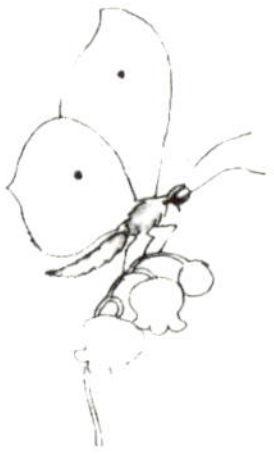

Die Haltestelle

Andre mögen schneller fahren,
andre kommen pünktlich an –
das ist möglich – zugegeben.
Jeder, wie er eben kann.
Aber eines steht doch fest,
wenn auch andre Bessres leisten,
Haltestellen, meine Lieben,
hat die Schneckenpost die meisten.

Die Flugpost

Dieser Brief ist abzugeben,
aber pünktlich, Ihr versteht!
Neulich kam das Telegramm
an die Rose viel zu spät.
Also, bitte, Richtung halten,
lieber Falter, denn Ihr wisst,
dass das Gaukeln in der Dienstzeit
absolut verboten ist.

Die Glockenelfe

Ein Märchen von Helma Botsch-Grotz

Einen Tag und eine Nacht hatte es ununterbrochen geregnet. Der Boden war aufgeweicht und die Gräser und Blumen standen mit gesenkten Köpfen da. Auf der Waldwiese hatte das Wasser kleine Tümpel und Seen gebildet. Zwischen all den triefenden Kräutern und Halmen saß auf einem bemoosten Stein ein winziges Mädchen, nicht größer als ein kleiner Finger.

Die Haare hingen ihm ins Gesicht und sein spinnwebdünnes Kleidchen war total durchnässt. Es zitterte vor Kälte und weinte herzzerreißend.

»Der garstige Regen hat mir meine Blume geknickt und nun sitze ich hier und weiß nicht, wohin!«, klagte es laut.

»Warum weinst du denn so bitterlich?«, fragte ein Schmetterling, der sich neben das kleine Mädchen setzte.

»Weil der Regen mir mein schönes Haus umgeworfen hat und weil ich durch das hohe Wasser hier nicht durchkann, ich würde ja ertrinken!«, schluchzte die Kleine.

»Da kann ich dir bestimmt helfen«, meinte der bunte Schmetterling beruhigend. »Aber sag mir erst einmal, wie du heißt. Mein Name ist Flirr und ich gehöre zur Familie der Schwalbenschwänze.«

»Ich heiße Elsula und bin eine Glockenelfe. Meine Wohnung waren die Blätter des Maiglöckchens. Sobald ich hineinstieg, falteten sie sich zusammen und ich hatte dann eine hübsche grüne Wohnung. Vor meinem Haus stand der Blumenstängel mit vielen weißen Glöckchen; wenn andere Elfenkinder mich besuchten, dann läuteten sie damit. Du glaubst nicht, wie wunderschön das klang!«

»Ich weiß, Elsula, ich kenne die Maiglöckchen gut und weiß auch, wie köstlich sie duften. Nun sei aber nicht mehr traurig, wir finden schon eine andere Blume für dich!«

»Es darf nicht irgendeine Blume sein, Flirr. Ich bin doch eine Glockenelfe und muss in einer Blume mit Glockenblüten leben. So will es die Waldfee.«

»Sei unbesorgt. Ich suche dir ein unbewohntes Glockenhäuschen. Bleibe nur so lange hier in der Sonne sitzen, ich komme bald zurück!« Damit flog Flirr davon.

Das Elfenkind war nun schon gar nicht mehr so traurig. Die Sonne hatte die Wolken vertrieben und im ganzen Wald herrschte wieder reges Leben. Ameisen und Käfer huschten über den Weg. Hummeln schwirrten vorbei und Vogelgezwitscher schallte aus den Bäumen.

Ehe sichs Elsula versah, kam Flirr wieder angeschwirrt. »Ich bringe gute Nachricht! Nicht weit von hier, an einem hellen Waldweg, fand ich Glocken – Glocken, sage ich dir, in allen Farben, und dreimal höher als dein Maiglöckchen! Dort sollst du von nun an wohnen, mein Elfenkind!«, sagte Flirr fast väterlich.

»Ach, das ist herrlich! Aber sind diese Glockenhäuschen denn alle leer?«, fragte Elsula.

»O weh, vor lauter Freude und Eile habe ich vergessen nachzufragen!« Der Schmetterling war eben wirklich ein etwas flatterhaftes Geschöpf. »Komm, ich bringe dich hin, dann wissen wir es gleich. Steige zwischen meine Flügel, wir fliegen geschwind dorthin!«

»Wie nett du bist, Flirr«, sagte das Elflein. Es setzte sich zwischen seine bunten Flügel – und schon schwirrte Flirr in die Luft und ließ das Elflein Elsula nach wenigen Minuten auf einer sonnigen Waldlichtung absteigen. Ja, hier standen die Glocken! Herrliche Glocken! Dunkelblau und hellblau, rosa und weiß. Wie schön!

Die erste war die prächtigste. Flirr klopfte mit dem Rüssel an die Blüte. Da erschien ein Elflein, ebenso zart und fein wie Elsula, doch trug es eine winzige Goldkrone auf dem Kopf. »Will jemand zu mir?«, fragte es freundlich.

»Ja«, sagte Flirr, »diese kleine Glockenelfe hat bei dem Regen ihr Blumenhaus verloren und möchte nun gerne hier wohnen. Gibt es bei dir noch Platz?«

Flink kam der Elf herunter, verneigte sich tief vor Elsula und sagte: »Ich bin Prinz Akelo und biete dir meine Wohnung an. Wir haben beide Platz darin.«

Das Elflein antwortete: »Ich heiße Elsula. Ich freue mich sehr, dass ich bei dir wohnen darf!«

»Du bist lieb«, fuhr Prinz Akelo fort. »Du gefällst mir sehr. Sag, willst du meine Frau werden?«

»O ja, ich will«, sagte Elsula und gab dem Elfenprinzen einen Kuss.

»Der Wichtel Purzel soll uns heute noch trauen. Du, Flirr, lädst die Hochzeitsgäste bis zum Sonnenuntergang ein, auf die kleine Waldwiese dort rechts.«

»In Ordnung«, sagte Flirr und flatterte davon. Nun hatte er Neuigkeiten zu verbreiten, und das war sein größtes Vergnügen.

Prinz Akelo begab sich indessen mit Elsula zu den Pilzhäuschen, die ganz in der Nähe standen. An einem wunderschönen Fliegenpilz läutete er. Sofort öffnete sich ein winziger roter Fensterladen mit weißen Tupfen und eine freundliche Stimme rief: »Ah, Prinz Akelo! Ich komme!«

Ein Zwerglein trat aus der schneeweißen Haustür und zog höflich sein rotes Zipfelmützchen.

»Meine Braut, die Glockenelfe Elsula«, stellte Prinz Akelo vor. »Purzel, du musst uns bei Sonnenuntergang trauen. Richte bitte inzwischen die Hochzeitsgewänder für uns und sorge auch für das Festmahl. Wir müssen noch alle Elfenfamilien in unserer Waldstraße besuchen und sie einladen.«

»Es wird alles zu deiner Zufriedenheit erledigt!«, beteuerte Purzel, verneigte sich und lief schon zum nächsten Pilzhaus.

Es war ein dicker Steinpilz, dem er fast die Tür einrannte: »Kommen! Alle kommen! Große Beratung! Prinz Akelo hat Hochzeit, nach Sonnenuntergang, mit der Glockenelfe Elsula! Was kochen wir?«

Inzwischen waren von allen Seiten die Wichtel herbeigeeilt, denn bei ihnen geht eben alles viel schneller als bei den Menschen. In weniger als einer Viertelstunde war der Speiseplan festgelegt: Kräutersuppe, Wurzelgemüse in pikanter Soße, gedünstete Pilze in Bucheckernöl, Himbeertorte und Erdbeerkuchen, als Getränk Honigwein und für die Elfenkinder Holundersaft.

Flink wurde die Hochzeitstafel gerichtet. Eine dicke, lange Baumwurzel war der Tisch. Eine hübsche Decke aus frischen grünen Blättern wurde darüber gebreitet und mit Blumen geschmückt. Als Schüsseln dienten Haselnussschalen, die Becher waren Eichelhülsen, Tannenzapfen mit Mooskissen luden als Polstersessel zum Verweilen. Flirr hatte die Musikanten aufgeboten; die Singvögel und die Grillen mit ihren Geigen übten schon. Mittlerweile ging die Sonne als roter Ball hinter dem Wald unter und das Fest begann.

Schon lange vorher hatten sich die Ameisen und alle großen und kleinen Käfer der Waldstraße fein herausgeputzt und standen wartend am Weg, um den Brautzug vorbeiziehen zu sehen. BIM! BAM! BUM! BIM! BAM! BUM! läuteten plötzlich alle Blumenglocken gleichzeitig, die zarten Glockenblumen, die Akeleien und die roten Fingerhutglocken. Da nahte auch schon das Brautpaar: in allerfeinstem, mit Gold durchwirktem Schleiergewand die glückliche Braut Elsula, in weißer Seide mit purpurnem Umhang der Prinz. Es folgten alle Elfen in herrlichen blauen und hellroten Gewändern. Den Abschluss bildeten die Wichtelmänner. Sie hatten ihre schönsten Wämslein angezogen und Festtagszipfelmützen aufgesetzt.

Zwischen zwei aufgeblühten Königskerzen erwartete sie Purzel, der ihre Hände feierlich ineinander legte und Elsula eine Krone auf ihr Blondköpfchen setzte. Denn nun war sie eine richtige Elfenprinzessin! Frau Nachtigall sang dem Paar ein Brautlied, so süß und schmelzend, wie man es im Wald noch nie gehört hatte. Alle wischten sich die Augen vor Rührung. Dann trat der Chor der Rotkehlchenmänner mit einem gar herrlichen Lied auf und zum Schluss gaben alle Waldvögel ein Konzert, das die Herzen rührte. Mit ganz besonderer Inbrunst sangen die kleinen Goldhähnchen in der vordersten Reihe.

Nun begaben sich alle zur Tafel und ein fröhliches Schmausen begann. Die Glühwürmchen ließen ihre hellen Laternchen aufleuchten und später spendete der Mond noch einen breiten Streifen goldenen Lichtes. Er schaute zwischen den Bäumen hindurch und freute sich an dem fröhlichen Völkchen.

Ach, war das eine Sommernacht voll Jubel, Freude und Ausgelassenheit! – Als am Himmel ein rosa Lichtschein sichtbar wurde, klopfte Prinz Akelo an seinen Becher und rief: »Liebe Waldleutchen! Es ist höchste Zeit für uns. Schon naht der Tag. Die Nebelfrau mit ihren Töchtern wird bald hier sein und uns Elfen und Wichtlein fangen wollen. Drum schnell heim!«

Husch-husch-husch-husch, waren alle verschwunden: die Elfen in ihre Blumenstuben und die Wichtel in ihre Pilzhäuser. Der Morgenwind wehte die Tafel und die Wiese rein und die Vögel begrüßten mit ihrem Gesang den neuen Tag.

Ida Bohatta

Ida Bohatta ist seit Generationen eine der meistgelesenen Kinderbuch-Illustratorinnen und -Autorinnen im deutschsprachigen Raum. Ungebrochen ist ihre Beliebtheit bei kleinen und großen Leserinnen und Lesern, wie die stete Nachfrage nach ihren über siebzig Büchlein Jahr für Jahr beweist.

Zu Unrecht gehört »die Bohatta« zu jener Schar der Kinderbuchmacher-Innen, über die sich jede Illustrationsgeschichte ausschweigt, deren Geschichten aber über alle Stile und Zeiten hinweg nicht nur Auflage um Auflage erleben, sondern bisher auch in viele Sprachen übersetzt wurden.

Am 15. April 1900 wurde Ida Bohatta in Wien geboren. Nach ersten Erfolgen mit Kinderbuch-Illustrationen entstand im Jahr 1927 die Verbindung zum Verlag Ars sacra, heute arsEdition. Bild-, Postkartenserien, Fleißbildchen und die ersten Bilderbücher entstanden. Damit begann eine fruchtbare Zusammenarbeit, die bis zum Tode der Künstlerin am 14. November 1992 dauerte.